LA GENTE DE MI VECINDARIO

# EL MÉDICO

Jared Siemens

LIGHTBOX
openlightbox.com

# LIGHTBOX

Entre a **www.openlightbox.com** e ingrese el código único de este libro.

**CÓDIGO DE ACCESO**

**LBX37626**

Lightbox es una completa solución digital para enseñar y aprender temas curriculares de una manera original e innovadora. Lightbox se basa en las Normas Curriculares Nacionales.

**OPTIMIZADO PARA**

- ✓ TABLETAS
- ✓ PIZARRAS ELECTRÓNICAS
- ✓ COMPUTADORAS
- ✓ ¡Y MUCHO MÁS!

## CARACTERÍSTICAS ESTÁNDAR DE LIGHTBOX

 **AUDIO** Narraciones de alta calidad con sistema de texto a voz

 **VIDEOS** Videoclips de alta definición incorporados

 **ACTIVIDADES** PDFs imprimibles que pueden enviarse por correo electrónico y calificarse

 **ENLACES WEB** Enlaces cuidadosamente seleccionados con recursos seguros para niños

 **PRESENTACIÓN EN DIAPOSITIVAS** Ilustraciones gráficas de los conceptos clave

 **MAPAS INTERACTIVOS** Mapas interactivos e imágenes satelitales aéreas

 **CUESTIONARIOS** Diez preguntas de elección multiple con puntaje automático que se envían por correo electrónico al docente para su evaluación

 **PALABRAS CLAVE** Combinación de los conceptos clave con sus definiciones

**VIDEOS**

**ENLACES WEB**

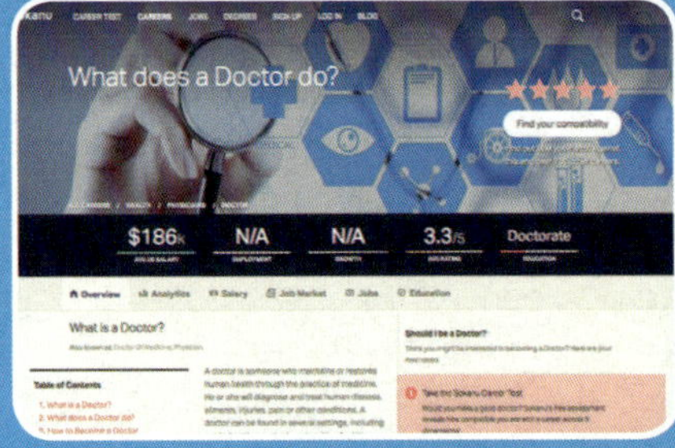


**PRESENTACIÓN EN DIAPOSITIVAS**

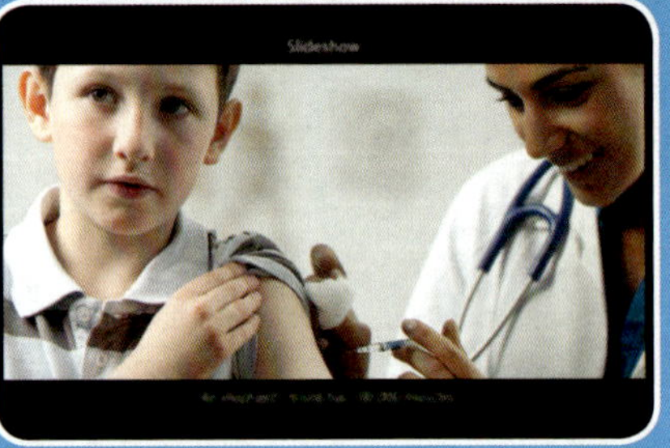


**CUESTIONARIOS**

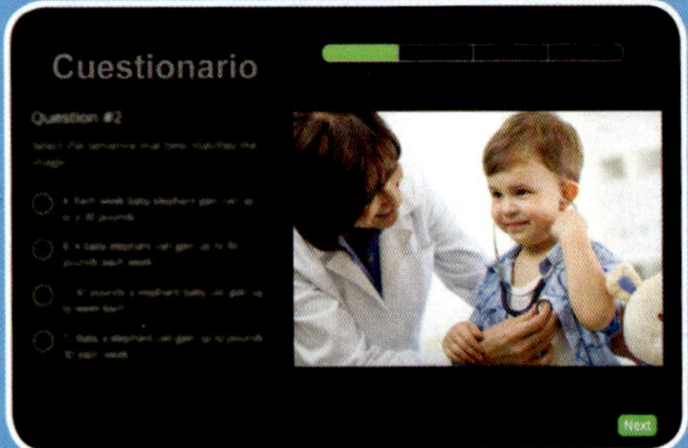

LA GENTE DE MI VECINDARIO

# EL MÉDICO

## CONTENIDOS

En mi vecindario, hay muchas personas diferentes.

Una de esas personas
es el médico.

# El médico trabaja en un hospital.

El hospital más concurrido de los Estados Unidos es el **Florida Hospital Orlando**, en Orlando, Florida.

La gente va al hospital cuando está enferma o herida.

La médica trabaja para averiguar por qué estoy enfermo.

En los Estados Unidos, se producen cerca de **mil millones de resfríos** por año. Eso es casi **3 resfríos** por persona.

Me ayuda a curarme dándome medicinas.

El médico se asegura de que mi cuerpo esté funcionando bien.

Me pesa y me mide para ver si estoy creciendo como debería.

La médica usa una herramienta que le indica la temperatura de mi cuerpo.

También escucha mi corazón y mis pulmones con una herramienta especial.

La médica me ayuda
a estar sano.

Me da medicinas para evitar que me enferme.

La médica observa unas imágenes tomadas por una cámara especial.

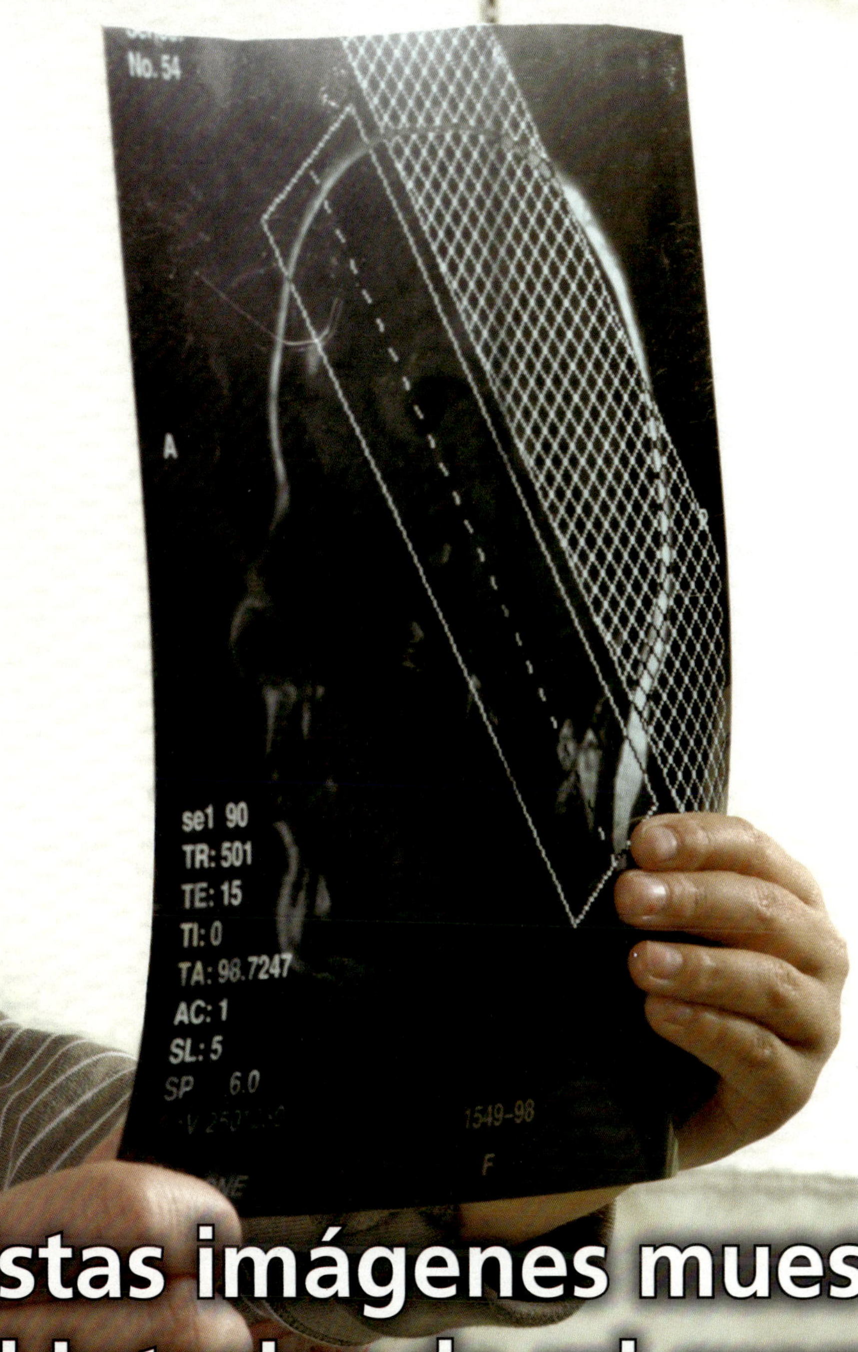


Estas imágenes muestran el interior de mi cuerpo.

Los médicos operan para solucionar problemas que la gente tiene en el cuerpo.

68

Los médicos son personas muy importantes en mi vecindario.

En los **Estados Unidos**, hay más de **900.000** médicos.

Veamos lo que has aprendido sobre el médico.

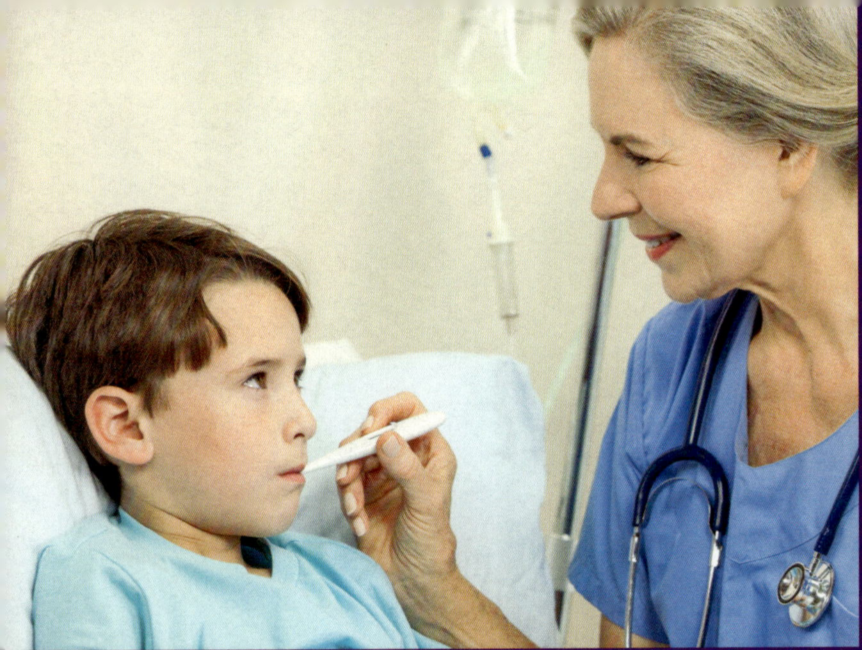

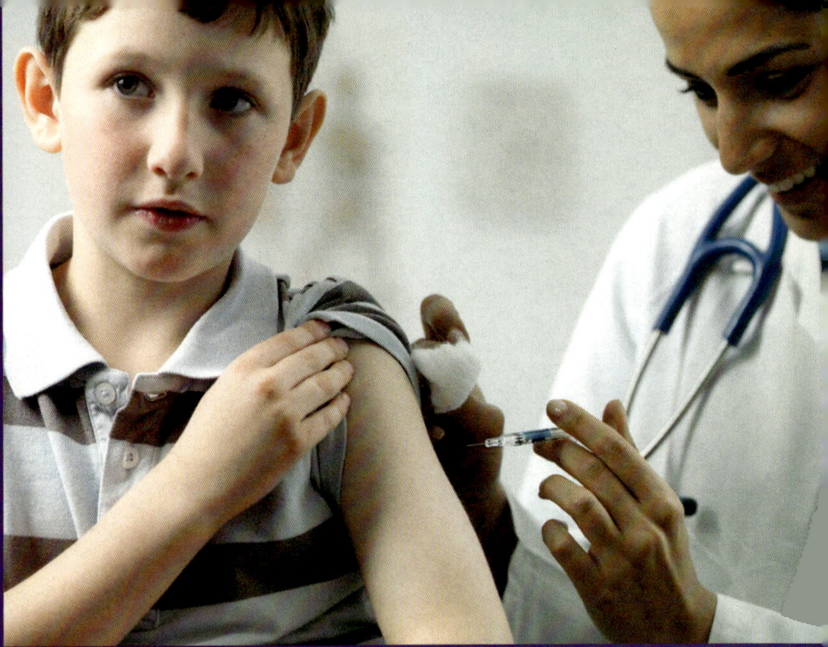

Describe lo que ves en cada imagen.

Published by Smartbook Media Inc.
350 5th Avenue, 59th Floor New York, NY 10118
Website: www.openlightbox.com



Library of Congress Control Number: 2017961968

ISBN 978-1-5105-3408-7 (hardcover)
ISBN 978-1-5105-3409-4 (multi-user eBook)

Printed in the United States of America in Brainerd, Minnesota
1 2 3 4 5 6 7 8 9 0 22 21 20 19 18

012018
011518

Spanish Project coordinator: Sara Cucini
Spanish Editor: Translation Services USA
English Project coordinator: Jared Siemens
Designer: Nick Newton

Every reasonable effort has been made to trace ownership and to obtain permission to reprint copyright material. The publisher would be pleased to have any errors or omissions brought to its attention so that they may be corrected in subsequent printings.

The publisher acknowledges Alamy, Getty Images, iStock, and Shutterstock as its primary image suppliers for this title.